CATALOGUE

DES

ANTIQUITÉS ÉGYPTIENNES.

La vente de cette Collection se fera boulevard des Italiens, n° 2, près la rue Grange-Batelière, le 23 décembre 1822 et jour suivant, de midi à quatre heures; l'exposition aura lieu le samedi 21 et dimanche 22, du même mois.

CATALOGUE

DES

ANTIQUITÉS EGYPTIENNES

QUI COMPOSENT

LA COLLECTION

DE M. THEDENAT-DUVENT.

Par L. J. J. Dubois.

A PARIS,

CHEZ { M. BONNEFONS DE LA VIALLE, COMMISSAIRE-PRISEUR, RUE SAINT-MARC, N° 14;
M. DUBOIS, RUE DE SAVOIE-SAINT-ANDRÉ-DES-ARCS, N° 4.

1822.

AVERTISSEMENT.

Placé sur le point d'arrivée le plus fréquenté
des Européens qui vont explorer l'Egypte, M. Thé-
denat-Duvent, fils du consul de France à Alexan-
drie (1), voulut partager avec eux l'honneur et
le fruit de nouvelles découvertes; muni de fir-
mans les plus étendus dont il était redevable à la
bienveillance particulière du Pacha, et assuré en
outre d'une escorte composée d'hommes choisis,
parmi lesquels se distinguait un mamelouk d'origine française, ce jeune voyageur ne tarda pas
longtemps à réaliser ses projets.

Ce fut avec ces moyens, unis à la connaissance
des langues du pays et à ses propres lumières,
que M. Thédenat parcourut, avec le plus grand
soin, les lieux qui semblaient lui promettre une
récolte abondante d'antiquités : après quelques
excursions peu fructueuses sur différentes stations
du désert, il visita Abydus, où il recueillit une très-
belle suite de *stèles* funéraires, et alla ensuite à Den-
derah, dont il put admirer le temple magnifique et
jusqu'alors si bien conservé; enfin il se rendit à
Thèbes, où plusieurs mois de séjour, et l'intelli-
gence qu'il apportait à la direction de ses fouilles,

---

(1) Aujourd'hui consul au Caire.

lui procurèrent les plus importantes des antiquités dont nous publions ici le catalogue (1).

Nous ne terminerons pas ce court avertissement, sans rendre un hommage sincère à l'excellent goût et au rare discernement qui paraissent avoir dirigé M. Thédenat dans le choix des objets qui composent sa précieuse Collection; nous joindrons surtout nos vœux à ceux des savans qui désirent que la partie principale de ces matériaux, si nécessaires aux progrès de l'archæologie égyptienne, soient pour jamais garantis des hasards désastreux que pourrait entraîner leur dispersion. De pareils souhaits seront sans doute bien accueillis sous un Gouvernement ami des lettres et des arts qui, en enrichissant chaque jour, des dons de sa munificence, les établissemens destinés à la propagation des lumières, protège surtout d'une manière spéciale ceux d'entre eux qui sont consacrés à réunir et à conserver les débris respectables de l'antiquité.

---

(1) M. Thédenat interrompit son long séjour à Thèbes, par une excursion à Esné, à Ombos et à Syène, et qu'il termina à l'île de Philæ.

CATALOGUE

D'UNE COLLECTION

D'ANTIQUITÉS ÉGYPTIENNES.

SCULPTURES.

1. **Cire.**
Quatre petites figures humaines modelées à l'é-
bauchoir, et trouvées dans les tombeaux de Thèbes.
Hauteur moyenne, 3 pouces.

2. **Même matière.**
Trois divinités à tête de *cercopithèque* : ces figures sont également modelées à l'ébauchoir ; elles
ont été trouvées dans le même lieu que les précédentes.
Hauteur moyenne, 3 pouces.

3. **Même matière.**
Une figurine représentant Anubis. Cette espèce
d'amulette est également modelée. Trouvée dans
le même lieu que celles déjà décrites.
Hauteur, 29 lignes.

4. **Pâte bitumineuse et odoriférante.**
Anubis, et une figure humaine ; ouvrages mo-
delés (1). Trouvés dans les entrailles d'une momie, à Thèbes.
Hauteur, 5 pouces 3 lignes.

---

(1) Les sculpteurs grecs ont aussi employé quelquefois des

5. Bois.

Deux fragmens de figures d'*ames*, représentées sous la forme d'oiseaux à tête de femme.

6. Pierre calcaire.

Petite statue représentant une figure humaine qui tient un soc et un fléau : son visage et ses mains sont coloriés en rouge ; sa coiffure, qui est striée, est bleue, et son collier offre les nuances de plusieurs couleurs. Sur le vêtement étroit qui la couvre, sont gravées sept lignes d'hiéroglyphes, remplies en noir, et séparées entre elles par des filets. Trouvée à Thèbes.

Hauteur, 8 pouces 8 lignes.

7. Pierre calcaire d'un grain très-fin.

Statue représentant une figure humaine vêtue de long, assise à terre, et les mains appuyées à plat sur ses genoux.

Son dos est couvert de la dépouille d'un léopard, dont la tête et les pattes viennent en avant sur ses épaules : cette peau paroît fixée sur le vêtement dont nous avons parlé, par deux attaches qui sont apparentes sur les côtés de la figure ; près de la main gauche est un très-petit objet, dont la forme ressemble un peu à un arc dégarni de sa corde (1). Sur le devant de sa robe, sont gravées six lignes d'hiéroglyphes parfaitement exécutés ;

matières à-peu-près analogues, telles que la poix, l'encens, etc. *Voy.* Apollodore, II, c. 6. — Antholog. græc. L. VII, c. 8.

(1) Cet objet, ainsi que la peau de panthère et ses attaches, sont indiqués par des traits gravés en creux.

ces caractères, qui se dirigent par moitié en sens opposés, paroissent contenir et répéter quelques formules de prière.

Cette statue déjà très-remarquable par la finesse de son travail et l'intégrité de sa conservation, présente encore, sous le rapport du costume, un intérêt nouveau. Nous devons observer en outre que les traits de son visage, loin d'offrir la répétition des lignes ordinaires qu'on observe sur tous les monumens égyptiens, présentent au contraire les marques d'un âge avancé, et des détails de nature qui paroîtroient indiquer un portrait. Trouvée à Abydus.

Hauteur, 16 pouces et demi.

8. **Basalte vert.**

Statue fragmentée d'un *chalaméphore* assis sur ses talons, et soutenant devant lui un *monolithe* qui contient la figure d'une déesse, dont la tête est couverte par un *modius* peu élevé.

Sur l'espèce de pilastre qui sert d'appui à cette figure, est gravée une inscription hiéroglyphique, dans laquelle on distingue un cartouche précédé du titre de Roi, et suivi de ceux de *toujours vivant, Dieu,* etc. Le même cartouche se remarque sur un torse conservé dans le cabinet des antiques de la Bibliothèque Royale (1), ainsi que sur une stèle en pierre, qui appartient à M. Montfort. Trouvée sur l'emplacement de Thèbes, et près du village de Karnak.

Hauteur, 11 pouces et demi.

____

(1) Millin, *monumens antiques inédits*, I, pl. 40.

9. **Granit noir.**

Cette espèce de bas-relief représente deux hommes et une femme, assis l'un à côté de l'autre, sur un large siège garni d'un dossier : sur la poitrine de la figure qui est au centre, est gravée en creux la figure d'Osiris, placée au-dessus d'une patère dont le manche est très-alongé ; une inscription hiéroglyphique décore le vêtement de la femme dont il a été question et qui occupe la gauche du siège ; les parties du dossier qui ne sont pas cachées par les divers personnages, sont chargées d'hiéroglyphes.

Une belle inscription hiéroglyphique, composée de quinze colonnes, couvre en entier la face opposée aux sculptures qui viennent d'être décrites : on y trouve répété un cartouche, qui est également gravé près de la figure placée au milieu de ce monument (1). Trouvé à Hermonthis.

Hauteur, 11 pouces. Largeur, 11 pouces.

10. **Pierre calcaire.**

La forme générale de ce monument est à-peu-près la même que celle qui vient d'être décrite.

Sur la droite du siège est assis un homme barbu, dont les chairs sont peintes en rouge, et qui a les bras croisés : son vêtement, qui est de couleur blanche, est orné par devant de treize hiéroglyphes peints en noir.

---

(1) Ce cartouche contient un corps de forme ronde, deux tiges de lotus enlacées, et un petit vase à deux anses.

Le second personnage représente un jeune homme imberbe, et dont les chairs sont aussi coloriées en rouge ; sa main droite est appuyée sur l'épaule de la figure précédemment décrite, et la gauche tient une espèce de bourse : une partie de son corps est couverte par une courte tunique blanche, qui est aussi décorée de quelques hiéroglyphes.

La troisième figure est celle d'une femme dont les chairs sont peintes en jaune ; son vêtement, qui est blanc, est couvert en avant par une légende hiéroglyphique.

A la gauche de cette femme est représenté un enfant debout, et la main droite posée sur l'épaule de cette même femme qui peut être sa sœur ou sa mère ; sa demi-tunique est blanche ; une espèce de petit sac est suspendu à sa main gauche ; et sur le plan où il repose est peinte une légende hiéroglyphique. Trouvé à Thèbes.

Hauteur, 17 pouces. Largeur, 19 pouces et demi.

11. Albâtre oriental et pierre calcaire du grain le plus fin.

L'aspect de ce beau monument offre celui d'une large *stèle* dressée sur l'extrémité d'un grand socle : ce dernier qui s'avance presqu'en entier devant elle ressemble parfaitement par sa forme, sa décoration, et l'espèce de petite gouttière dont il est garni par devant, à ces tablettes isolées qui paroissent avoir servi de tables à libations.

Sur le devant de la *stèle* est encastré un bas-relief en pierre du grain le plus fin : cette sculpture représente trois hommes et deux femmes debout et placés l'un à côté de l'autre ; de courtes inscriptions hiéroglyphiques, disposées en colonnes devant le pied de chacune de ces figures, doivent contenir leurs noms, et indiquent peut-être aussi les degrés de parenté qui existent entre elles.

Le dessus de l'espèce de socle, ou de table à libations, dont il a été parlé, est couvert en partie par un bas-relief en albâtre oriental, encastré et cimenté dans la pierre. On y a représenté trois vases, dont l'un a l'orifice renversé, ainsi que deux corps ronds, qui doivent être des pains ou des gâteaux mystiques : cette sculpture est entourée de quatre bandes d'hiéroglyphes, gravées en creux, et qui étoient anciennement remplies par une pâte de couleur bleue, dont les traces sont encore très-apparentes.

Les bords latéraux du socle en pierre, qui débordent cette tablette d'albâtre, sont enrichis de deux lignes d'hiéroglyphes : de semblables inscriptions sont gravées sur l'épaisseur de ce socle, et sur celle de la *stèle* qui a été décrite.

Ce monument de famille, aussi curieux dans son ensemble que précieux par le fini de son exécution, a été découvert à Abydus.

Hauteur de la *stèle*, 7 pouces 4 lignes. Largeur, 6 pouces 8 lignes. Longueur, 8 pouces.

12. Grès rougeâtre.

Un bas-relief de forme rectangulaire, sur lequel

est représenté Typhon, vu de face; cette sculpture a été découverte près du *Typhonium* d'Edfou
(*Apollinopolis-magna*).

Haut. 8 pouc. et demi. Larg. 5 pouc. 7 lignes.

13. Pierre calcaire.

Tête humaine vue de profil, et sculptée en bas-
relief dans un champ creux; elle est représentée coiffée de petites boucles cordées, avec
une grande tresse qui descend du haut de sa tête
sur le col : en arrière sont sculptés en creux six
hiéroglyphes disposés en colonne.

Ce beau fragment a été découvert sur l'emplacement de Memphis.

Hauteur, 1 pied. Largeur, 21 pouces.

14. Pierre calcaire.

Une table à libations, de forme ordinaire, et dont
le dessus est entouré par une inscription hiéroglyphique gravée en creux.

Son centre est occupé par trois légendes hiéroglyphiques, ainsi que par un bas-relief qui représente quelques objets offerts en sacrifice; parmi
les derniers, on distingue principalement une
cuisse de quadrupède et une oie. Sur l'épaisseur
(en avant) sont gravés des hiéroglyphes. Trouvée à Thèbes.

Long., 1 pied 1 pouce. Larg., 1 pied et demi.

15. Pierre calcaire.

Autre table à libations, dont la partie supérieure
est ornée d'une bordure formée par une inscrip-

tion hiéroglyphique. Sur le centre de cette table, sont quatre carrés creux, et divers objets qui ont rapport aux sacrifices.

Sur l'épaisseur de la gouttière, est gravée une inscription hiéroglyphique. Trouvée à Thèbes.

Longueur, 1 pied 4 pouces. Largeur, 1 pied 2 pouces.

16. Pierre calcaire.

Table à libations, de même forme que les précédentes.

Son centre est rempli par une fleur de lotus, entourée de quatre objets de forme ronde : sur les côtés de la même composition, sont deux vases d'où jaillit de l'eau. Trouvée à Abydus.

Longueur, 7 pouces et demi. Largeur, 7 pouces 20 lignes.

17. Pierre calcaire.

Un moule sculpté en creux et qui représente une figure fort extraordinaire, et encore inconnue sur les monumens.

Cette figure, vue de profil, est barbue, et sa chevelure, qui est assez longue, se relève en arrière ; ses oreilles sont courtes et arrondies comme celles du lion ; au-dessus de sa tête se voient deux corps ronds qui donnent naissance à des cornes recourbées comme celles du bouc. Près de son poignet est un bracelet ; à son épaule s'attache une aile brisée comme celles des chauve-souris ; sa ceinture est enveloppée par une peau tachetée d'où sort une grande queue, ainsi qu'un appendice qui retombe entre ses jambes, et jusqu'à ses pieds.

Ce singulier objet d'antiquité a été découvert dans un tombeau, à Thèbes.

Hauteur, 1 pied.

18. Pierre calcaire d'un grain très-fin.

Stèle dont la forme est arrondie du haut.

Cette *stèle* est divisée en trois compartimens de dimensions inégales : le premier, qui occupe un très-grand espace, est chargé d'une inscription contenant près de sept cents hiéroglyphes, disposés en seize lignes, qui sont séparées entre elles par des filets. Dans la première de ces lignes, on remarque un cartouche royal (1), qui est encore inconnu sur les monumens égyptiens qui sont publiés : le corps du texte est aussi très-important par l'extrême rareté des signes qu'il présente, et parmi lesquels on distinguera particulièrement le rhinocéros, l'hippopotame, la tête isolée du même animal, et quelques autres formes non moins curieuses, mais qui se refusent à toute espèce de description.

Au-dessous de ce champ est un bas-relief dont la gauche est occupée par un homme et une femme debout : le premier, appuyé sur une espèce de sceptre, tient aussi un autre objet dont l'ensemble paroît avoir quelque rapport avec la forme ordi-

---

(1) Ce cartouche contient huit hiéroglyphes, parmi lesquels on distingue l'oie d'Égypte et le globe, qui, réunis ensemble, signifient : *fils du Soleil.*

naire d'une masse d'armes ; en regard de ce groupe, s'avancent à la file cinq personnages, dont les deux premiers apportent en offrande, l'un une oie, et l'autre la cuisse d'un quadrupède, et qui sont suivis par deux hommes et une femme qui se donnent les mains. Près de chacune des figures représentées, est gravée une légende hiéroglyphique.

La partie inférieure de cette *stèle* contient aussi un petit bas-relief ménagé daus un enfoncement de forme carrée : on y voit un homme et une femme assis sur un même siège, et le premier portant une espèce de vase vers sa bouche ; devant eux sont diverses offrandes placées confusément au-dessus de huit couteaux implantés sur un objet peu élevé, qui ressemble assez bien aux plateaux sur lesquels on sert le repas chez la plupart des peuple de l'Orient.

Les sculptures qui décorent cette *stèle* sont traitées avec une pureté et une franchise de travail tout-à-fait remarquables : un grand nombre de contours tracés en rouge, et qui sont encore très-apparens, indiquent l'*ensemble* préparatoire que l'artiste avoit arrêté, avant de procéder à l'exécution de ce magnifique monument. Trouvée à Abydus.

Haut. 3 pieds et demi. Larg. 20 pouces et demi.

19. **Pierre calcaire.**

Stèle de même forme que la précédente, et partagée en une espèce de titre et en trois compartimens ornés de sculptures coloriées.

Titre.—Le globe a une aile, faisant pendant à un œil humain.

Compartiment supérieur.—Un personnage debout, devant une table chargée d'offrandes, paroît en attitude d'adoration devant Isis et Osiris, assis sur un même trône, et qui sont accompagnés d'*Aroueris*, manifesté sous la forme d'un épervier : près des divinités sont gravées de courtes légendes dans lesquelles on reconnoît leurs noms : six lignes d'hiéroglyphes, qui contiennent probablement une prière, se remarquent près de la figure humaine dont il a déjà été parlé.

Compartiment central. — Un homme couvert d'une peau de panthère offre un sacrifice à un homme et à une femme qui sont assis sur un même siège : près du premier personnage sont tracées sept courtes colonnes d'hiéroglyphes, parmi lesquels on distingue le titre de *fils* : des légendes en mêmes caractères sont placées près des secondes figures.

Compartiment inférieur. —Cette partie du monument est remplie par neuf lignes d'hiéroglyphes, séparées par des filets. Trouvée à Abydus.

Haut. 37 pouces 10 lignes. Larg. 18 pouces.

20. Pierre calcaire.

Stèle de même forme que les précédentes, et dont les détails sont coloriés.

Titre. — Deux yeux humains, séparés par quatre hiéroglyphes.

Compartiment supérieur. — Un personnage placé devant un amas de gâteaux, de fleurs et de parties de victimes, paroît consacrer ces offrandes à un homme, et à une femme qui sont assis sur des sièges dont les pieds se terminent par des pattes de lion : trois légendes hiéroglyphiques accompagnent ces figures; dans celle placée près de l'homme qui fait l'offrande, on remarque particulièrement le titre de *fils*.

Compartiment inférieur.—Un homme tenant une fleur de lotus accompagne deux femmes qui se tiennent par les mains ; ces trois personnages sont accompagnés d'inscriptions hiéroglyphiques dans lesquelles on trouve exprimées les qualités de *fils* et de *filles* (1). Le reste du champ (hors du bas-relief) est rempli par dix lignes d'hiéroglyphes. Trouvée à Abydus.

Haut. 26 pouc. Larg. 15 pouc. 8 lignes.

21. Pierre calcaire.

Stèle de même forme que les précédentes, et coloriée.

Titre.—Deux yeux humains.

Compartiment supérieur.—Quatre lignes d'hiéroglyphes, gravées en creux.

Compartiment central.—Bas-relief représentant

______

(1) Nous devons faire remarquer que le sculpteur ayant gravé, par inadvertance, le signe du masculin, dans les inscriptions qui se rapportent aux deux femmes, cette faute a été ensuite soigneusement réparée au pinceau.

un homme assis et qui tient une fleur de lotus, placé en regard d'une femme qui est à demi assise; entre ces personnages est placée une table chargée d'offrandes : deux colonnes d'hiéroglyphes sont tracées près de la dernière de ces figures.

Compartiment inférieur. — Cette partie de la *stèle* est divisée en deux champs carrés de grandeur égale; celui de gauche contient un bas-relief où sont représentés deux jeunes hommes accroupis, devant un petit plateau, et qui portent un vase et trois autres objets. Sur le second champ sont sculptées trois femmes à-peu-près disposées comme les figures précédentes ; elles sont accompagnées d'inscriptions hiéroglyphiques où se trouve répété trois fois le titre de *fille*. Trouvée à Abydus.

Hauteur, 20 pouces. Larg. 1 pied.

22. Pierre calcaire.

Stèle de même forme que les précédentes et coloriée.

Titre. — Deux yeux humains, séparés par une espèce d'anneau ou de cachet placé au-dessus de trois instrumens de musique.

Compartiment supérieur. — Le haut en est occupé par onze légendes hiéroglyphiques, disposées en petites colonnes : au-dessous d'elles, sont sculptés un homme et une femme assis sur un même siège, dont le dessous contient une autre petite figure, qui est assise; en avant de ce groupe est une table chargée d'offrandes, ainsi que deux hommes debout et deux enfans agenouillés : l'un de ces hommes, qui tient un vase, fait une libation sur l'offrande, et porte près de lui une légende où l'on retrouve le titre de *fils*; celui de *mère* se lit à côté de la femme dont nous avons déjà parlé.

Compartiment central.—Deux figures assises devant une table chargée d'offrandes, occupent également la gauche du bas-relief, et l'une d'elles y porte aussi le titre de *mère* : en avant d'elles, sont sculptés une femme et trois hommes qui sont accroupis, et qui tiennent à la main des fleurs de lotus.

Compartiment inférieur.—Trois colonnes d'hiéroglyphes gravés en creux. Trouvée à Abydus.
Haut. 11 pouc. et demi. Larg. 1 pied.

23. Pierre calcaire.

Stèle de même forme que les précédentes, et qui n'a pas été coloriée.

Titre. — Deux yeux humains.

Compartiment supérieur. —Deux lignes d'hiéroglyphes, gravées au-dessus de deux figures assises en regard, et qui tiennent chacune à la main une fleur de lotus; entre ces personnages est placée une table chargée de trois vases, etc.

Compartiment central. —Deux lignes d'hiéroglyphes, au-dessus de la répétition du sujet précédent : la seule différence qu'on y observe consiste en ce que les trois vases placés sur la table y sont remplacés par une oie morte.

Compartiment inférieur.—Deux lignes d'hiéroglyphes sculptés au-dessus d'une scène à-peu-près semblable aux précédentes. Trouvée à Abydus.

Haut. 20 pouc. 9 lignes. Larg. 1 pied 6 lig.

24. Pierre calcaire.

Stèle de même forme que les précédentes, et qui a été coloriée.

Titre.—Deux yeux humains, placés aux côtés d'une espèce d'anneau ou de cachet.

Compartiment supérieur.—Une figure humaine assise, tenant une fleur de lotus, et placée devant une table chargée d'offrandes.

Second compartiment.—Inscription composée de onze lignes d'hiéroglyphes : dans la dixième de ces lignes on distingue le titre de *fils.* .

Petit compartiment ménagé au bas de l'angle gauche du précédent.—On y voit sculptées deux femmes en regard, l'une assise et l'autre debout, et qui tiennent chacune une fleur de lotus à la main. Trouvée à Abydus.

Haut. 2 pieds 8 pouc. et demi. Larg. 15 pouces et demi.

25. Pierre calcaire.

Stèle de même forme que les précédentes, et qui a été coloriée.

Titre.—Deux chakals en regard et couchés sur des monolithes.

Compartiment supérieur.—Trois lignes d'hiéroglyphes sont gravées au-dessus d'un bas-relief, qui représente un homme debout, vers lequel se présentent trois femmes qui marchent à la file. Près de la figure d'homme est tracée une petite colonne d'hiéroglyphes.

Compartiment central.—Bande d'hiéroglyphes divisée en sept sections; au-dessous est un bas-relief représentant cinq hommes et deux femmes.

Compartiment inférieur.—Un homme et quatre femmes, séparés par quatre colonnes d'hiéro-glyphes. Trouvée à Abydus.

Haut. 25 pouc. Larg. 14 pouc.

26. **Pierre calcaire.**

Stèle de même forme que les précédentes, et qui a été coloriée.

Compartiment supérieur.—Neuf lignes d'hié-roglyphes.

Compartiment central.—Un homme assis de-vant un plateau qui est chargé de trois vases : plus loin, est un amas d'offrandes, qui précèdent deux espèces d'amphores renversées, dont l'une est entourée par une tige de lotus.

Compartiment inférieur.—Une inscription hié-roglyphique ; au-dessous d'elle sont sculptées cinq figures qui font deux offrandes.

Autour de cette *stèle*, règne un bandeau en re-lief, qui est chargé d'hiéroglyphes. Trouvée à Thèbes.

Haut. 12 pouc. Larg., 13 pouc.

27. Pierre calcaire.

Stèle de même forme que les précédentes, et qui est sculptée sur les deux faces opposées.

Titre. — Deux chakals placés en regard sur des enseignes, et près d'eux, des inscriptions hiéroglyphiques.

Le reste du champ se trouve à-peu-près partagé en trois sections, par deux lignes perpendiculaires : dans celle de gauche, est une figure debout, et les deux autres contiennent des légendes hiéroglyphiques.

(Revers de la même *stèle.*)

Compartiment supérieur de la seconde face. — Douze petites colonnes d'hiéroglyphes, gravées au-dessus d'une figure assise, qui tient un objet inconnu : devant ces personnages est une table chargée d'offrandes, ainsi qu'une femme et une jeune fille, dont l'une tient un vase, et l'autre une fleur de lotus.

Compartiment inférieur. — Deux personnages dont l'un est assis : entre eux est sculptée une table chargée d'offrandes, ainsi que cinq colonnes d'hiéroglyphes. Trouvée à Thèbes.

Haut. 16 pouc et demi. Larg. 10 pouc.

28. Pierre calcaire.

Stèle de même forme que les précédentes, et qui est coloriée.

Titre. — Un globe dont les ailes sont abaissées.

Compartiment supérieur. — Cinq colonnes d'hiéroglyphes; dans ces légendes se trouvent les noms d'Isis et d'Osiris, ainsi que les titres de *mère,* de *fille,* etc.

Compartiment inférieur. — Le Soleil debout, le corps couvert d'une espèce de réseau, et tenant à la main le sceptre à tête de huppe : près de lui, est un autel chargé d'un vase d'où s'échappe de l'eau, et qui est surmonté d'une fleur de lotus : en regard du dieu, une femme également debout, et qui probablement adresse l'offrande, élève la main droite, et tient à la gauche, une plante et deux fruits.

Sur les côtés de cette composition, sont sculptées deux espèces de mâts auquels sont attachées de longues bandelettes : l'un d'eux porte une plume à son sommet, et le second est également décoré par d'autres objets. Trouvée à Abydus.

Hauteur, 1 pied. Largeur, 9 pouces.

29. Pierre calcaire.

Stèle de même forme que les précédentes, et qui est coloriée.

Titre semblable à celui précédemment décrit.

Compartiment supérieur. — Huit colonnes d'hiéroglyphes, dans lesquelles on remarque le titre de *mère.*

Compartiment inférieur. — Le Soleil debout, tenant à la main le sceptre à tête de huppe : devant lui est une table chargée d'offrandes qui sont disposées par étages; en regard du dieu, sont deux femmes debout et dans l'attitude de l'adoration. Cette *stèle*, dont le travail est de la plus grande beauté, a été découverte à Abydus.

Haut. 15 pouc. 10 lig. Larg. 11 pouc.

30. Pierre calcaire.

Stèle de même forme que les précédentes, et qui n'est pas coloriée.

Titre. — Deux yeux humains.

Compartiment supérieur. — Quatre lignes d'hiéroglyphes.

Compartiment central, divisé en trois sections par deux lignes perpendiculaires. — Dans le champ de gauche est un personnage assis et accompagné d'hiéroglyphes; celui du milieu offre une autre figure qui est accroupie, et près de laquelle est gravée une légende où l'on trouve le titre de *fille* : enfin, le dernier champ contient une figure humaine debout, et dont la coiffure a quelque chose de particulier.

Compartiment inférieur, divisé en trois sections comme le précédent. — A la gauche, on voit une figure accroupie, et accompagnée d'une légende hiéroglyphique. Au milieu est une figure semblable à la précédente, et qui se trouve en regard avec elle; la droite est remplie par deux personnages en regard et accroupis, qui sont séparés par deux petites colonnes d'hiéroglyphes. Trouvée à Abydus.

Hauteur, 13 pouces et demi. Largeur, 7 pouces et demi.

31. Pierre calcaire.

Stèle de même forme que les précédentes, et coloriée en bleu clair.

Titre. — Deux chakals en regard et couchés sur des *monolithes* : derrière chacun de ces animaux, sont gravés deux hiéroglyphes.

Compartiment supérieur. — Trois lignes d'hiéroglyphes, dont les signes sont, partie dirigés de droite à gauche, et partie en sens inverse.

Compartiment central. — Sur les deux côtés opposés de ce champ, sont sculptés une femme et un homme, assis en regard; sous le siège du dernier est un enfant accroupi : entre les figures principales sont placés deux plateaux chargés d'objets qui nous sont inconnus : dans les inscriptions hiéroglyphiques qui accompagnent ces personnages, on distingue le titre de *fils*. Trouvée à Abydus.

Hauteur, 11 pouces et demi. Largeur, 8 pouc. 3 lignes.

32. Pierre calcaire.

Stèle de même forme que les précédentes, et qui est coloriée en jaune.

Titre. — Deux chakals en regard et couchés, séparés par quatre hiéroglyphes.

Compartiment supérieur. — Isis, Osiris et *Arouéris*, assis sur des trônes, reçoivent l'offrande qui leur est présentée par un homme qui est debout devant eux : sur le fond du champ, sont gravées dix lignes d'hiéroglyphes.

Second compartiment. — Un homme et une

femme, assis sur un même siège, reçoivent une offrande qui leur est présentée par un homme debout, qui verse de l'eau avec un vase sur les objets offerts en sacrifice : une composition à-peu-près semblable, mais dans un sens contraire, occupe l'autre moitié du champ. Des inscriptions hiéroglyphiques sont tracées près des personnages principaux, qui sont représentés dans cette double scène.

Troisième compartiment. — Une femme qui tient à la main une fleur de lotus, est assise devant une table couverte d'offrandes ; en avant d'elle, une autre femme également assise, reçoit aussi l'hommage d'une offrande qui lui est présentée par un homme debout, et qui épanche un vase rempli d'eau sur les objets consacrés. Près des deux femmes sont gravées des légendes hiéroglyphiques, disposées en petites colonnes.

Compartiment inférieur. — Cinq lignes d'hiéroglyphes. Trouvée à Abydus.

Hauteur, 25 pouces. Largeur 15 pouces.

33. Pierre calcaire.

Stèle de même forme que les précédentes, et qui n'est pas coloriée.

Titre. — Deux chakals en regard et couchés ; au-dessus d'eux, sont deux yeux humains séparés par une espèce de cachet.

Compartiment supérieur. — Un homme debout fait une offrande à Osiris, qui est assis sur son trône, et qui tient à la main ses attributs ordinaires : derrière le dieu, on voit une espèce de *chasse mouche* auquel est attachée une croix ansée. Entre les deux personnages figurés dans cette scène, sont gravées six petites légendes hiéroglyphiques ; dans l'une d'elles, on remarque un cartouche qui contient le nom de *Ramésès*, tel qu'il est également sculpté sur l'obélisque du Grand-Cirque, à Rome (1).

Compartiment central. — Une femme tenant un vase, verse de l'eau sur une offrande qu'elle présente à un homme et à une femme assis sur un même siège : sur le champ sont placées six légendes hiéroglyphiques.

Compartiment inférieur.—Quatre lignes d'hiéroglyphes. Trouvée à Abydus.

Hauteur, 2 pieds trois lignes. Larg. 15 pouces 3 lignes.

34. Pierre calcaire.

Stèle de même forme que les précédentes, et qui ne conserve que de légères traces de couleur.

Titre.—Un Globe à une aile, et un œil humain.

Compartiment supérieur.—Osiris, assis sur son trône, reçoit une offrande qui lui est présentée par un homme qui porte une touffe de tiges de lotus, et par une femme qui tient à la main un

____

(1) Kircher, *Œdipus Ægyptiacus*; II, p. 161.

objet dont la forme ne nous est pas connue : sur le haut du champ, sont gravées seize petites colonnes d'hiéroglyphes, parmi lesquelles on distingue un cartouche rempli par le nom de *Ramésès*.

Compartiment central. —Un homme couvert d'une peau de panthère, et coiffé avec une tresse qui descend sur son épaule gauche, offre un sacrifice à un homme et à une femme assis sur un même siège, et dont le premier presse sur son sein une feuille de lotus : nous devons ajouter que le personnage qui fait l'offrande, tient une longue patère qui se termine par une main humaine, et qu'il verse de l'eau sur les objets dont il fait l'hommage.

Compartiment inférieur.—Cinq lignes d'hiéroglyphes. Trouvée à Abydus.

Haut. 33 pouces et demi. Larg. 21 pouces.

35. Pierre calcaire.

Stèle en forme de *monolithe*, et dont les sculptures sont coloriées.

Au centre de sa partie supérieure, est représenté un homme debout et appuyé sur un bâton : devant lui est une femme également debout, et qui tient une fleur de lotus : entre ces personnages on remarque un vase déposé à terre, et qui est surmonté de diverses offrandes.

Le champ du bas contient une forme rectangulaire et creusée, dont les côtés sont ornés de six colonnes d'hiéroglyphes. Entre cette partie du bas-relief et celle qui précède, sont gravés deux yeux humains : les hauts et les côtés des mêmes objets sont encadrés dans une longue légende d'hiéroglyphes. Trouvée à Thèbes.

Haut. 20 pouces 3 lig. Larg. 13 pouces.

36. Pierre calcaire.

Un fragment sur le haut duquel est représenté le globe ailé ; au-dessous d'une corniche règne un bas-relief, où l'on voit une barque à flot, qui porte le Soleil, ainsi que deux autres divinités, et dont la poupe est occupée par un autre personnage, assis comme les précédens.

En avant de la barque sont trois figures, dont l'une porte sa main à la bouche.

Ces sculptures sont coloriées. Trouvées à Kous: (*Apollinopolis-Parva.*)

Haut. 14 pouces. Larg. 16 pouces 10 lignes.

37. Bronze.

Un petit trône soutenu par des lions, et dont la base est ornée d'hiéroglyphes. Trouvé à Thèbes.

Haut. 2 pouces et demi.

38. Terre cuite.

Figurines poussées au moule, etc., etc.

MANUSCRITS SUR PAPYRUS.

39. Manuscrit hiératique divisé en larges colonnes (ou pages) ornées de titres et de vignettes colo-

riées, et dont le texte écrit en noir, est mêlé de nombreux passages tracés en rouge (1).

1re page. — Sous une espèce de *monolithe* richement décoré, Osiris debout et la mitre ceinte d'une bandelette de couleur rouge, reçoit l'offrande d'une gerbe de blé, de fleur de lotus, et de quelques autres objets, que lui présente une femme qui tient un bouquet de fleurs à la main. Sur le haut du champ, sont tracées neuf lignes d'hiéroglyphes.

2. — Cette page contient vingt-trois lignes de texte.

3. — Seize lignes de texte : entre elles est une vignette qui représente une femme tenant une lance et un couteau, et qui plonge la première de ces armes dans le corps d'un serpent prêt à mourir à ses pieds.

4. — Le haut en est rempli par dix lignes de texte : vers le bas est peinte une grande barque portant cinq figures parmi lesquelles on remarque *Thoth*, et une femme dont la tête est remplacée par un scarabée.

5. — Sa partie supérieure est occupée par trois lignes de texte : au-dessus d'elles est une barque qui porte le Soleil, et une femme assise derrière lui ; plus bas, est un autre texte de onze lignes, au milieu desquelles se voit une femme montée sur une barque qu'elle conduit avec un aviron.

---

(1) On doit prévenir que les groupes de figures et les autres objets qui sont représentés sur ces manuscrits, sont tous décrits dans un ordre rétrograde, c'est-à-dire, en allant de droite à gauche, selon l'usage assez ordinairement suivi par les Égyptiens.

6.—Un épervier placé dans un texte de vingt-quatre lignes.

7.—Texte de vingt-deux lignes.

8.—Texte de dix lignes.

9.—Dans le corps d'un texte de vingt-deux lignes, est représentée une divinité debout dans une espèce de niche, et qui tient un sceptre à la main : au-dessous d'elle est un épervier.

10. —Cette page contient vingt-trois lignes de texte : sur sa partie supérieure est représentée une hirondelle posée sur un amas de grains : plus bas est figurée *l'ame*, sous la forme d'un oiseau à tête de femme.

11.—Douze lignes de texte : on y voit deux *demoiselles* (1) qui sont peintes l'une au-dessus de l'autre.

12. —Treize lignes de texte, parmi lesquelles est représenté un grand *lotus*.

13.—Seize lignes de texte; au-dessous d'elles, le Soleil, sur une barque, ainsi qu'il est déjà figuré sur la cinquième page.

14.—Vingt-deux lignes de texte, et une vignette représentant un crocodile détournant la tête, et placé devant une femme debout.

15.—Vingt-trois lignes de texte, avec une femme debout, tenant à la main, un mât de vaisseau garni de sa voile, et de quelques agrès.

16. —Vingt-trois lignes de texte.

---

(1) Oiseau du genre des *échassiers* et qui ressemble au *vanneau*.

17. — Vingt-trois lignes de texte.

18. — Le haut de la page contient quatre lignes de texte; plus bas sont huit autres lignes.

19. — Vingt-trois lignes de texte, et un scarabée noir combiné avec un cercle jaune.

20. — Vingt-trois lignes de texte.

21. — Vingt-quatre lignes de texte.

22. — Cette page contient vingt-six personnages et d'autres objets placés en colonnes, dans l'ordre qui suit. — Cinq figures humaines portant sur leurs têtes des vases d'où l'eau s'échappe par deux côtés. — Cinq espèces de portes qui paroîtroient faites de planches assemblées. — Cinq divinités, tenant à la main des objets inconnus, l'une à tête de chat, l'autre dont la tête est remplacée par deux serpens, et les dernières par celles de vache, de crocodile et de chakal. — Six figures portant des vases sur leurs têtes, comme celles déjà décrites. — Six autres portes semblables à celles dont il a été parlé. — Les divinités à têtes de chat et de crocodile, au-dessus de quatre figures humaines. — Quatre hommes tenant à la main des espèces de torches allumées, et devant eux des corbeilles ou des *vans* mystiques.

23. — Vingt-cinq lignes de texte.

24. — Vingt-trois lignes de texte.

25. — Vingt-trois lignes de texte.

26. — Onze lignes de texte.

27. — Cette page est divisée en douze sections; les scènes principales qui s'y trouvent figurées, représentent le labourage et la moisson; on y

voit aussi quatre figures humaines assises et pro-
filées deux par deux, derrière un objet dont la
forme est celle d'un escalier. — *Le* même escalier
placé sur une barque. — *La demoiselle* posée sur
une manière de *Perchoir*, etc., etc.

Chaque scène ou chaque objet est accompagné
d'hiéroglyphes, parmi lesquels on remarque particulièrement l'hippopotame, et d'autres formes
peu communes.

28. — La figure de femme qu'on a vue précédemment offrir son hommage à Osiris, reparaît
dans cette dernière peinture ; elle y est figurée
debout, tenant la croix ansée ainsi qu'un sceptre
à tête de huppe ; devant elle sont deux personnages de très-petite proportion, dont l'un tient
un vase d'où s'échappe un grand jet qui passe par-
dessus sa tête, et retombe derrière ses pieds ; tan-
dis que l'autre tient un plateau chargé de quatre
objets inconnus.

Ce manuscrit, qui est le plus purement écrit de
tous ceux que nous avons examinés jusqu'à ce
jour, est également admirable par la vivacité de
ses couleurs et la finesse d'exécution des peintures
curieuses dont il est enrichi. Trouvé à Thèbes,
dans l'un des cercueils de momies qui seront décrits à la suite de ce catalogue.

Long. 18 pieds et demi. Larg. 8 pouces
8 lig.

40. Manuscrit dont les scènes divisées en deux compartimens, placés l'un au-dessus de l'autre, sont
exécutées au trait.

Compartiment supérieur. — Une femme debout présente une offrande à Osiris, qui précède les divinités à têtes d'épervier, de bélier, et de vache, debout toutes les quatre sur un serpent, qui forme des replis très-élevés entre elles. Plus loin, la même femme présente une autre offrande au Soleil, ainsi qu'à trois autres divinités, telles que celles dont la tête est remplacée par un scarabée, une autre ayant la tête de *demoiselle,* etc.

Compartiment inférieur.—Quatre figures humaines, les bras élevés, sont placées debout au-dessous des replis que forme un serpent mort, qui est attaché à la proue d'une grande barque; au milieu de cette barque, le Soleil debout, tenant un serpent et la croix ansée, est précédé par trois divinités, la première à tête d'épervier, la seconde à tête de *cercopithèque,* et la troisième ayant sa tête remplacée par un objet qui nous est inconnu; sur l'arrière de la barque sont deux figures dont les têtes sont remplacées par un serpent et par un scarabée.

La partie supérieure de cette partie du champ, est remplie par un grand serpent et par deux colonnes d'hiéroglyphes.

Le haut et les côtés de ce manuscrit sont embordurés par des légendes hiéroglyphiques. Trouvé à Thèbes.

Long. 1 pied 3 pouc. Larg. 8 pouc.

41. Manuscrit colorié dont les différentes scènes se divisent en cinq compartimens, séparés l'un de l'autre par des colonnes d'hiéroglyphes.

1. *Compartiment.* —Un homme de couleur

rouge élève ses mains vers Osiris assis sur un trône, et qui précède Isis debout et accompagnée du titre de *déesse mère*.

2. *Thoth* conduit le personnage décédé à l'un des dieux à tête d'épervier, qui s'appuie sur un bâton dont le bas a la forme d'un petit *bident*; une partie du fond est occupée par des colonnes d'hiéroglyphes.

3. Un grand serpent *amphisbène* est tenu avec un lien par le dieu à tête d'épervier qui se trouve sur le tableau précédent; des deux têtes du reptile, celle qui s'élève est celle qui appartient à sa nature; l'autre, qui lui est opposée et qui rampe à terre, est celle du chakal. Sous le corps de cet animal, sont représentés deux hommes décolés et les main attachées sur le dos; entre ces derniers sont tracés six hiéroglyphes.

4. La partie supérieure du champ est remplie par huit divinités disposées en deux colonnes et qui sont assises les unes au-dessus des autres. On y distingue celle à tête de lièvre, une autre dont la tête ressemble assez bien à celle de la gerboise, etc., etc. Entre ces figures, se trouvent des légendes hiéroglyphiques.

5. — L'objet principal de cette scène est un serpent *amphisbène* dont les têtes sont également élevées, et qui repose sur quatre jambes humaines : au-dessus de cet animal symbolique, et sur le haut du champ, sont trois *cercopithèques* assis au-dessus de deux vautours, qui sont accompagnés chacun par un serpent : entre ces oiseaux, sont peints deux jets de lumière et une étoile; la partie

inférieure de ce sujet est occupée par une grande figure humaine renversée à terre.

6.—Au centre, est une espèce de bassin dans lequel sont plongés quatre hommes de couleur noire, et dont les bords sont ornés de neuf jets de lumière, coloriés en rouge, comme le sont aussi ceux indiqués dans l'article précédent. Trouvé à Thèbes.

Long. 3 pieds 2 pouc. Larg. 8 pouc. et demi.

41. Ce manuscrit est au trait, avec quelques parties coloriées en rouge; il est divisé en trois compartimens placés l'un au-dessus de l'autre : ses côtés portent chacun trois colonnes d'hiéroglyphes, et sa partie supérieure est couronnée par une ligne de caractères semblables.

Le compartiment supérieur est rempli par les objets suivans, que nous décrivons toujours par groupes et dans l'ordre qui a été précédemment indiqué.

1. Quatre figures humaines, assises sur des serpens.

2. Neuf figures dont l'avant-dernière a la tête remplacée par deux serpens : entre ces divers personnages, sont tracées des légendes hiéroglyphiques.

3. *Ammon* debout, deux têtes humaines, et une figure portant une tête à double face.

4. Huit astres rayonnans.—Le serpent ailé à pieds humains.—Une figure portant un disque rouge sur la tête, et qui appuie ses mains sur les ailes du serpent dont il vient d'être parlé.

5. Une figure dont la tête est chargée de plusieurs mitres adossées.

(Compartiment central.)

1. Trois personnages mitrés et debout : un serpent portant sur son dos une grande mitre, qui est surmontée par deux têtes humaines accolées ; le reste du fond est chargé d'hiéroglyphes.

2. Un serpent portant sur le dos une autre mitre d'où sort une tête humaine ; au-dessus est placée une inscription hiéroglyphique.

3. Douze figures debout et les bras élevés se trouvent au-dessous des replis que forme un serpent attaché à la poupe d'une barque ; celle-ci contient trois figures à l'avant ; au centre est *Ammon* sous un serpent, et sur l'arrière sont quatre autres figures mystiques. Le haut du champ sur lequel sont dessinés ces groupes, est chargé d'hiéroglyphes.

(Compartiment inférieur.)

1. Quatre femmes debout et tournées de droite à gauche.

2. Cinq figures tournées dans le même sens tiennent à la main des couteaux, et lancent avec la bouche des jets lumineux exprimés par des points rouges, qui tombent dans des espèces de bassins ovales qui en sont remplis, et dans lesquels surnagent des têtes ou des figures humaines, ainsi que d'autres objets.

3. En regard avec les précédens, est un serpent dressé qui jette aussi des points lumineux dans celui des bassins qui l'avoisine ; derrière ce reptile se voit le soleil, qui termine la gauche de

cette frise, dont le reste du fond est couvert d'hiéroglyphes. Trouvé à Thèbes.

Long. 2 pieds. Larg. 7 pouc. 8 lig.

42. Manuscrit au trait et dont quelques parties sont coloriées en rouge.—Sur la droite sont tracées sept colonnes d'hiéroglyphes; quatre autres colonnes de mêmes caractères placées au centre, séparent six compartimens ornés de scènes diverses et qui sont superposés aux deux côtés, trois par trois, et les uns aussi hauts que les autres; le bord supérieur du manuscrit contient une longue ligne de signes semblables, et vers la fin, hors de cette bordure supérieure, est tracée une autre inscription du même genre et en lettres de couleur rouge.

(Compartiment supérieur de la première division.)

1. Trois hommes assis sur des enseignes, et qui sont en attitude d'adoration; près deux, on remarque trois petites légendes hiéroglyphiques disposées en colonne, ainsi qu'une autre inscription en mêmes caractères, qui est tracée au-dessus de leurs têtes.

2. Trois autres hommes assis sur des espèces de piédestaux.

3. Six figures humaines, assises sur des *Monolithes*, portent, chacune sur l'épaule, un serpent qui lance des flots de lumière.

4. Près de la dernière des figures précédemment décrite, est adossée une *demoiselle* placée en

regard avec une femme debout qui tient un sistre; près de ces diverses figures, se voient des légendes hiéroglyphiques.

(Compartiment central de la première division.)

1. Une tête humaine, et près d'elle un scarabée.

2. Cinq hommes qui marchent l'un après l'autre, et qui détournent la tête, tirent après eux une barque chargée de différens personnages parmi lesquels se trouve Isis, qui précède *Ammon* placé au-dessous d'un serpent, et cinq autres figures, dont les quatre dernières, assemblées deux par deux, se profilent l'une sur l'autre. En avant d'Isis est un autel, un scarabée et une inscription : au-dessus de ces différens groupes, sont d'autres légendes hiéroglyphiques.

(Compartiment inférieur de la première division.)

1. Une momie d'homme un peu inclinée en arrière, et accompagnée de sept lignes d'hiéroglyphes.

2. Neuf figures humaines debout et les bras élevés : entre les deux dernières sont tracés deux hiéroglyphes, et au-dessus de chacune d'elles, sont des légendes en mêmes caractères.

(Compartiment supérieur de la seconde division.)

1. Sept figures humaines qui tirent, avec une corde, un grand serpent noir, ailé et mitré.

2. Derrière ce serpent est une autre mitre, et

au-dessus de la queue du reptile, on voit un serpent et un vautour, aux deux côtés d'un tabernacle; l'un et l'autre accompagnés du sceptre à tête de huppe, passé dans une espèce d'anneau.

(Compartiment central de la seconde division.)

1. Sept hommes assis sur des bases de couleur rouge : en regard avec eux est une *ame*, également placée sur un piédestal. Ces diverses figures sont accompagnées d'inscriptions.

2. Sept serpens noirs, lançant la lumière, sont couchés sur des bases semblables à celles qui précèdent; au-dessus d'eux sont des légendes hiéroglyphiques.

(Compartiment inférieur de la seconde division.)

1. Une figure humaine assise sur un serpent : au-dessus et au-dessous de ce dernier, sont des légendes hiéroglyphiques.

2. Un serpent *amphisbène*, à quatre pieds humains, et dont les têtes sont élevées et mitrées : près de ces têtes sont un épervier, dix astres rayonnans, et quelques hiéroglyphes.

3. Deux femmes en regard, ayant à côté d'elles une répétition des mitres qui couvrent leurs têtes : entre ces femmes sont deux serpens debout dont les têtes supportent un grand disque de couleur rouge : près du disque est une légende hiéroglyphique.

4. Un groupe d'hiéroglyphes, dans lequel on lit le titre de *Dieu soleil vivant*.

5. Une figure accompagnée d'une légende : en avant est un scarabée noir au-dessus d'un ovale ponctué en rouge.

6. Un bœuf et un bélier assis sur des espèces de coupes, et accompagnés d'hiéroglyphes.

7. Une *ame* barbue, la tête décorée de deux plumes, et posée debout sur une espèce de coupe : devant son visage est une inscription hiéroglyphique.

8. Une figure humaine debout sur la proue d'une barque : près d'elle est une courte légende et un disque de couleur rouge. Trouvé à Thèbes.

Long. 5 pieds 2 pouc. Larg. 16 pouces.

43. Manuscrit au trait, et dont quelques parties sont coloriées en rouge.

1. Vers sa partie supérieure, est une figure humaine renversée, dont on ne voit que la tête et les bras, et qui saisit un disque rouge sur lequel est peinte une barque noire : de ce premier globe descend une espèce de colonne composée de quatorze astres rayonnans et de treize globes alternés avec eux et alignés trois par trois. Cette colonne est appuyée sur un autre disque également rouge, chargé d'un scarabée noir, que mord une figure humaine dont on ne voit que la tête et les bras : au-dessus de ce disque sont des lignes rouges qui paroissent représenter du feu, et du sein de la figure qui semble vouloir dévorer le disque, sort un serpent noir qui jette de la lumière et qui est accompagné de quatre hiéroglyphes. A la suite de ces objets est un serpent noir, et une légende composée de sept hiéroglyphes.

2. Une corde élevée par six figures voilées,

traîne une barque dont l'avant est surmonté d'une figure assise, qui tient un fléau; sur le milieu de cette barque, sont cinq autres figures qui paroissent voilées; en arrière d'elles sous un *monolithe*, est *Ammon* qui précède trois personnages debout et à tête d'épervier. Au-dessous de cette scène est un grand serpent, la tête renversée en signe de mort, et dont le corps est couvert de vingt-trois plaies peintes en rouge.

3. Un serpent *amphisbène* et à quatre jambes humaines, dont les têtes, qui jettent de la lumière, sont mitrées : au-dessus de lui sont deux figures assises en regard, deux jets lumineux, et quelques autres formes moins faciles à décrire.

4. Huit figures humaines assises, quatre en haut et quatre en bas, sont placées au-dessus de jets lumineux, semblables à ceux dont on vient de parler; devant ces personnages, se voient en nombre égal des tabernacles surmontés chacun par un serpent.

5. Un grand serpent debout, précédant la croix ansée et deux scarabées : plus loin, un autre serpent, à quatre jambes et mitré, porte sur sa queue une momie d'homme à demi renversée; derrière ce reptile et sur un second plan, est une figure humaine ailée qui a un scarabée sur la tête, et près de son visage, deux yeux humains.

6. Une espèce de lit formé par un serpent *amphisbène* barbu et à quatre jambes humaines, supporte deux momies placées en regard et qui sont exhaussées vers leurs parties supérieures, sur

deux têtes humaines; deux autres têtes semblables sont posées sur le corps du serpent. Dans l'espace qui sépare les deux momies, est un disque rouge qui se détache sur un fond ponctué de la même couleur : le haut du champ contient en outre quinze tabernacles surmontés par divers objets symboliques.

7. Vers le haut sont deux figures assises en regard, voilées et mitrées; entre elles se voient répétées les mitres qui couvrent leurs têtes : au-dessous est un épervier, un serpent, un œil et un tabernacle.

8. Deux grands serpens à tête humaine et à quatre jambes, placés l'un au-dessus de l'autre, et dont le premier a le corps renversé : entre leurs têtes est un scarabée, et dans l'espace qui sépare leurs corps, sont trois cartouches, remplis chacun par une figure humaine couchée : le manuscrit se termine par un cercle qui entoure *Ammon* assis devant une petite figure assez peu reconnoissable. Trouvé à Thèbes.

Long. 8 pieds 4 pouces. Larg. 1 pied.

44. Manuscrit dont les figures et les principaux détails sont coloriés en jaune sur trait noir.

En dehors de l'encadrement qui borde le commencement de ce manuscrit, est une *ame* accompagnée de deux hiéroglyphes : cette figure est la seule qui ne soit point coloriée.

Première scène. — Osiris, assis sur son trône, reçoit l'offrande d'un vase et de tiges de plantes qui lui sont présentées par une femme : sur le haut du champ et entre ces figures, sont plusieurs inscriptions hiéroglyphiques : vers le bas, se voient deux objets dont la destination ne nous est pas connue.

Cette scène est séparée de la suivante par deux colonnes d'hiéroglyphes.

2. Un serpent, qui élève la tête, forme des replis entre lesquels sont placées les quatre divinités à têtes d'homme, de chakal, de *cercopithèque,* et d'épervier : chacune de ces figures, ainsi que le serpent, laissent tomber de leur bouche trois espèces de jets composés de points, dont les derniers forment une masse assez considérable : le reste du champ est rempli par des légendes, ainsi que par quelques formes d'hiéroglyphes dessinées en grand.

Cette seconde scène est aussi bornée à la gauche par trois colonnes d'hiéroglyphes.

3. Quatre yeux humains; quatre espèces de théorbes auxquels sont attachés des serpens en nombre égal; sept groupes d'hiéroglyphes, etc.

Entre ces objets et ceux qui suivent, sont tracées trois lignes d'hiéroglyphes.

4. Trois barques placées l'une au-dessus de l'autre : dans celle du haut, est la figure à tête de serpent, lançant trois petits jets : la seconde contient un vautour; la troisième porte un scarabée, un serpent et l'œil humain : au-dessous de cette dernière, est dessiné un grand crocodile.

5. Ce champ est partagé en deux sections, par

un serpent qui paroît lancer du feu ; au-dessus de lui, sont deux *cercopithèques*, ainsi qu'une divinité à tête de serpent barbu, qui paroît aussi jeter du feu : le bas du papyrus est occupé par deux serpens ailés, à têtes de vautour et de lion ; ces deux animaux symboliques sont accompagnés, l'un par un groupe d'hiéroglyphes, et l'autre par une croix ansée.

6. Une femme assise, et dont la tête est remplacée par une plume, tient d'une main un serpent et deux couteaux, et de l'autre main un *ouaral* (1) qu'elle élève au-dessus d'elle ; à la place du sexe de cette femme, est placé un couteau, et une arme semblable se remarque près du lézard qu'elle tient à la main. Trouvé à Thèbes.

Long. 3 pieds et demi. Larg. 8 pouces et demi.

45. Un petit manuscrit qui contient seize lignes de caractères hiératiques, et qui est fort bien écrit : ce papyrus, ployé en seize, a été trouvé suspendu au col de l'une des momies qui seront décrites dans la suite de ce catalogue.

Long. 8 pouc. et demi. Larg. 7 pouc. et demi.

46. Autre manuscrit hiératique, mêlé de quelques passages écrits en rouge : il est divisé en six colonnes (ou pages) qui contiennent chacune huit lignes, et un retour d'écriture qui se prolonge par derrière le côté gauche. Trouvé à Thèbes.

Long. 2 pieds 8 pouc. Larg. 4 pouc. et demi.

---

(1) Lézard de forte proportion, qui est commun en Égypte.

47. Manuscrit au trait.

Première scène.—Une femme agenouillée devant un grand serpent ailé et mitré, lui présente un vase qu'elle porte sur la paume de sa main : au-dessus d'elle sont quatre colonnes d'hiéroglyphes.

2. Une figure humaine assise près d'une *demoiselle* ; au-dessus de cet oiseau, est un vase chargé d'hiéroglyphes, etc. ;

3. Ici le champ du manuscrit est partagé en deux sections : sur le haut, sont représentés deux hommes assis tenant des plumes.—Un *cercopithèque* assis sur une enseigne.—Le dieu à tête d'hippopotame, assis et tenant deux couteaux:—Une figure humaine tenant une fleur, et dont la tête est remplacée par une espèce de *modius* qui sert d'appui à une forme hiéroglyphique connue. — Un crocodile, et deux objets assez difficiles à décrire.

4. Le bas du champ contient les scènes suivantes.—Une femme, ayant un de ses bras passé dans une croix ansée, placée debout sur une espèce de coupe qui supporte également un *nilomètre* et un sceptre à tête de huppe.—Anubis et *Arouéris*, assis l'un devant l'autre, précèdent un bélier qui est accompagné d'un fléau.—Une double figure d'homme barbu, assise et tenant des couteaux : les têtes de ce personnage sont ornées de deux serpens, et deux reptiles semblables sortent de chacune de ses bouches.—Un grand serpent roulé, et au-dessous de lui, une inscription hiéroglyphique.

Après ces différentes scènes, le champ qui cesse d'être divisé, contient les objets suivans.

5. Une chenille (ou du moins un insecte qui en offre la forme générale), un *chevet de momie*, et au-dessous, un chakal qui tient un fléau.—Une *ame*, élevant les mains, et dont l'un des bras est passé dans une croix ansée. — Quatre avirons auxquels sont attachés des serpens mitrés. — Cinq yeux humains.

Le manuscrit est terminé par une espèce de torrent derrière lequel apparoît la partie supérieure d'une figure d'homme, qui élève avec ses mains un cercle dans lequel on voit un scarabée : près du torrent, est dessiné le devant d'une génisse accroupie qui porte un disque entre ses cornes. Trouvé à Thèbes.

Long. 3 pieds 4 pouces et demi. Larg. 8 pouces et demi.

48. Manuscrit colorié.

Une colonne d'hiéroglyphes borde la droite de ce manuscrit et précède les sujets suivans :

Première scène.—Une femme qui tient un sistre(1), et debout, près d'une table chargée d'offrandes, reçoit dans l'une de ses mains l'eau qui s'échappe d'un vase que porte Osiris, représenté debout et en regard avec elle ; derrière le dieu sont Isis et *Nephtis*, placées l'une à côté de l'autre, et sur

---

(1) Le son de cet instrument passoit pour détourner et repousser Typhon.-Plutarch. *de Iside et Osiride*. LXI.

deux plans différens : près de la première on remarque une légende hiéroglyphique, dans laquelle se lit son nom, suivi du titre de *déesse mère* : le haut du champ qui contient cette première scène, est en partie couvert par huit petites colonnes d'hiéroglyphes.

2. Une colonne d'hiéroglyphes aussi haute que le manuscrit.

3. La femme que nous avons vue précédemment faire une offrande aux dieux, reparoît ici devant un *cercopithèque* assis sur une base élevée (1); ce dernier, les regards fixés sur elle, tient dans l'une de ses mains un *volumen* roulé (ou peut-être une tablette) et quelques-uns des roseaux dont on se servoit pour écrire : le geste de ce personnage indique qu'il exhorte ou bien qu'il interroge cette femme, qui paroît en attitude d'adoration devant lui.

4. A la droite, cette même femme comparoît pour subir son jugement; suivie d'une divinité à tête de gerboise, qui paroît la guider dans ce moment redoutable, elle avance sa main droite, sur laquelle sont posés deux yeux et une bouche humaine, pour indiquer peut-être que ses yeux ont toujours été chastes, et que sa bouche n'a pas proféré de mensonges : devant elle est dressée une balance dont l'un des bassins contient un vase, et l'autre une petite figure assise et dont la tête est surmontée

---

(1) Cette base est ornée de croix ansées, et d'un autre objet auquel nous ne pouvons assigner aucun nom, mais dont la forme est connue.

par une plume (1) ; dans l'espace que laissent entre eux les bassins, Anubis à demi agenouillé paroît vouloir déterminer l'exactitude de leurs poids respectifs, à l'aide d'une espèce de *régulateur*, dont la forme est particulière. Autour d'Anubis, sont deux manières de coffrets, une petite figure accroupie, une offrande déposée à terre, et deux grouppes d'hiéroglyp...

Au-dessus de la balance, est un disque d'où descendent trois rayons lumineux; à ses côtés sont deux vautours précédés chacun par un serpent, et qui sont placés au-dessus de deux yeux humains; le champ qui s'élève au-dessus de la figure de femme contient dix-sept colonnes d'hiéroglyphes.

5. La femme sortie heureusement des épreuves que nous avons indiquées, est soutenue dans les bras d'une déesse de petite proportion et dont la tête est remplacée par une plume : son corps est ceint par une guirlande de lierre, plante consacrée particulièrement à Osiris (2) : ses mains agitent deux plumes, et deux autres plumes, placées d'une manière divergente, sont fixées sur sa tête. (Les deux tiers de la hauteur du papyrus sont ensuite occupés pendant un assez long espace, par un texte qui se compose de quarante-quatre colonnes d'hiéroglyphes : la partie supérieure est remplie par les sujets suivans).

---

(1) Sur le *fléau* de cette balance est assis un *cercopithèque* : les chaînons qui servent à attacher les bassins, sont remplacés par des croix ansées et des *nilomètres* alternés.

(2) Diodor. Sic. L. 1, Sect. 1.—Plutarch. *de Iside*, etc., XXXII.

6. La même femme à demi accroupie, et tenant un sistre, fait une offrande à la déesse que nous avons déjà vue, et dont la tête est remplacée par une plume; ces offrandes consistent dans un veau, des fleurs de lotus et des gâteaux, qui sont déposés à terre devant l'objet de son adoration.

Sur le haut du fond, sont tracées huit petites colonnes d'hiéroglyphes.

7. Un épervier debout sur un amas de grains : devant lui sont des autels chargés de vases et de fleurs de lotus : trois petites colonnes d'hiéroglyphes sont placées sur le fond.

8. La même femme accroupie devant quatre béliers profilés l'un sur l'autre, leur fait l'offrande de plusieurs objets, parmi lesquels on distingue la cuisse d'un quadrupède, des fleurs de lotus et une grappe de raisin; le reste du fond contient onze légendes hiéroglyphiques.

9. Quatre vases d'où jaillit de l'eau, sont posés sur des objets de forme ronde, et avoisinent une inscription dans laquelle on remarque le titre de *fille.*

10. Une *ame,* figurée par un oiseau à tête de femme, repose sur un monceau de grains.

11. Un homme accroupi élève ses bras qui sont passés dans une croix ansée, et dans un *nilomètre :* près de lui sont deux groupes d'hiéroglyphes.

12. Deux *cercopithèques* marchent en tirant une barque qui contient la tête du Soleil, entourée de diverses figures symboliques et d'hiéroglyphes.

(Le dessous des dernières scènes est rempli par le sujet suivant, qui est peint à la suite du grand texte hiéroglyphique dont il a été parlé.)

13. Une femme à tête de serpent, et qui tient deux couteaux, précède quatre hommes qui portent des espèces de *cistes* et des objets peu reconnoissables, mais qui sont peut-être des torches allumées. Ces figures sont accompagnées d'hiéroglyphes.

(Les sujets cessent ici d'être divisés sur des champs différens, et ceux qui suivent occupent la hauteur totale du manuscrit.)

14. Une déesse debout dans les branches d'un arbre chargé de fleurs, verse de l'eau contenue dans un vase, sur la même femme dont nous avons souvent parlé; celle-ci, les mains étendues vers ce breuvage salutaire, paroît le recevoir avec une grande avidité : à ses pieds, est peinte une *ame*, qui reçoit aussi un filet d'eau sortie du même vase, et qui semble également impatiente de s'en désaltérer : sur le tronc de l'arbre est inscrit un groupe d'hiéroglyphes qui contient le nom de la déesse dont il est question (1); deux autres groupes de mêmes caractères se remarquent près des angles inférieurs du champ.

15. Colonne d'hiéroglyphes occupant la hauteur totale du manuscrit.

---

(1) Cette déesse porte sur sa tête un disque rouge, entouré d'une double auréole jaune et noire : les trois hiéroglyphes qui forment son nom sont les mêmes que ceux qui accompagnent une figure de femme ailée tenant deux plumes, qu'on remarque fréquemment sur la poitrine des caisses de momies.

16. Cette femme que nous avons vue successivement interrogée, jugée et purifiée, est introduite enfin dans le séjour céleste; son corps est couvert de nouveau, d'une guirlande de lierre; sa main droite porte un sistre, et la gauche s'élève avec un sentiment d'admiration très-prononcé; une table chargée d'offrandes la sépare des objets que nous allons décrire.

17. Le ciel, figuré par une femme d'une grande dimension, le corps couvert d'étoiles, et traçant une espèce d'arche avec son corps; au-dessus, et vers l'angle gauche du champ, s'élève le Soleil, portant un disque jaune, monté sur une barque(1), et entouré d'une atmosphère lumineuse; dans l'angle opposé, la même divinité portant un disque rouge et prêt à disparoître, s'approche d'un autre personnage dont on ne voit que la partie supérieure et qui étend les bras vers elle.

Sous l'espèce d'arche que forme la figure qui représente le ciel, est un homme renversé sur le bras gauche, et dont le corps est semé de plumes; au-dessus de lui, un Dieu accroupi, et portant un disque sur la tête, élève ses bras qui sont passés dans deux croix ansées : près de ce dernier, on observe encore deux éperviers, un œil humain, et quelques groupes d'hiéroglyphes.

18. Un grand serpent noir porté sur deux jambes

____

(1) Les divinités égyptiennes sont très-souvent représentées montées sur des barques. Plutarque dit même que c'étoit ainsi que le Soleil et la Lune navigaient autour du monde. (*De Iside et Osiride.*, XXX.)

humaines, et dont la tête est dirigée du côté de la scène précédente.

20. Colonne d'hiéroglyphes, qui occupe la hauteur entière du manuscrit.

21. Un long sceptre terminé par une fleur de lotus, d'où sort la tête d'un homme portant une barbe très-courte.

22. Un carré rempli de lignes brisées (figurant peut-être un bassin), dont les côtés et les angles sont garnis de huit jets de feu et de quatre *cercopithèques*.

23. Sur la partie inférieure du champ, est tracé un cercle noir dont le milieu (de haut en bas) contient deux disques rouges, unis par sept lignes ponctuées de la même couleur : sur chacun des côtés (toujours dans l'intérieur du cercle) sont quatre figures humaines tenant des fléaux et précédées par deux jets de lumière.

Aux deux côtés extérieurs de ce cercle noir, sont deux cercles ponctués en rouge et qui en suivent exactement le contour : l'espèce de lumière exprimée par ces lignes circulaires, forme de petits jets qui sont recueillis par deux femmes portant chacune sur la tête un petit *modius*, et qui tiennent des vases à la main.

Au-dessus du cercle noir, est une barque qui remplace la tête d'une figure dont le corps a la forme humaine : au milieu de la barque un disque rouge est posé sur un *chevet* ponctué : aux deux côtés sont deux *demoiselles* en regard ; entre ces oiseaux et la figure symbolique, on voit deux scarabées : vers le bord supérieur (à droite) est peint un homme assis, la tête retournée et qui tient un couteau et un serpent.

24. Deux bras humains réunis par un disque rouge, se détachent en partie sur un fond semé d'étoiles, et en partie sur un fond ponctué : entre les bras est une barque chargée d'une auréole qui entoure Ammon, Isis et *Nephtis*, ainsi que quatre jets de lumière.

25. Deux encadremens dont la forme rappelle celle du plan des *pylones* égyptiens, et qui sont remplis d'hiéroglyphes.

26. Deux barques *parées* de leurs voiles, et placées l'une au-dessus de l'autre ; sur la première est un vase qui paroît rempli de feu ; la seconde est chargée de deux autres vases.

27. Deux autres formes semblables à celles précédemment décrites sous le n° 24, sont suivies de deux barques placées l'une au-dessus de l'autre : la première est chargée de fruits, et la seconde porte un vase qui jette de l'eau par deux gouleaux.

28. Une hirondelle posée sur un amas de grains. —Une espèce de chenille.—Un vase chargé d'hiéroglyphes et de formes peu reconnaissables.

Au-dessous des objets que nous venons de décrire et qui sont à-peu-près rangés en ligne horisontale, et dans l'ordre que nous avons suivi, sont représentés, un vase, un épervier posé sur une enseigne, un autre vase, un *tetrodon* (1), etc.

____

(1) Poisson de mer que sa forme avoit fait appeler *orbis*, par les anciens, et que les Arabes connoissent sous le nom de *fakhaka*.

29. Quatre serpens mitrés attachés à des avirons, et quatre yeux humains.

5o. Une génisse debout et mitrée : elle a le col passé dans un cistre dégarni de ses baguettes, et paroît sortir d'un torrent.

Ce manuscrit magnifique, aussi précieux par la vivacité de ses couleurs et la beauté de son exécution, que par le haut intérêt et la variété des scènes qu'il représente, a été découvert à Thèbes.

Long. 9 pieds. Larg. 8 pouces 2 lignes.

OBJETS QUI ONT SERVI AUX CÉRÉMONIES DU CULTE OU AUX USAGES DE LA VIE DOMESTIQUE.

49. Bois.

Un sceptre dont la forme est arrondie par le haut, comme celui qu'on remarque assez ordinairement dans la main de quelques unes des divinités égyptiennes figurées sur les monumens. Trouvé à Thèbes.

Haut. 2 pieds 7 pouces et demi.

5o. Terre émaillée.

Une espèce de petite écritoire, composée de quatre vases unis ensemble. Trouvée à Thèbes.

Largeur de sa base, 26 lig.

51. Basalte vert.

Palette de forme rectangulaire, et bordée d'hiéroglyphes gravés en creux : vers sa partie supérieure sont creusés deux espèces de *godets,* et six *rigoles.*

La forme générale et les détails de cet objet curieux, rappellent entièrement la tablette à écrire que *Thoth* tient à la main sur beaucoup de monumens (1); une autre palette en bois, absolument semblable, et sur laquelle s'est conservé un pinceau chargé de couleur, appartient à la magnifique collection de M. le chevalier Drovetti, consul-général de France, en Egypte. Trouvée à Thèbes.

Long. 1 pied 3 pouces. Larg. 2 pouces 9 lig.

52, Bois.

Une patère de forme ronde, à laquelle étoit attaché un manche terminé par une fleur de lotus. Trouvée à Thèbes.

Haut. 3 pouc. 3 lig.

53. Ambre jaune.

Autre patère dont la forme est celle d'un triangle tronqué à l'une de ses pointes. Trouvée à Thèbes.

Long. 2 pouces.

54. Albatre oriental.

Patère dont la forme générale est celle du *tetrodon*. Trouvée à Abydus.

Larg. 7 pouces.

____

(1) On a remarqué que cette forme de palette, employée comme signe hiéroglyphique est constamment jointe au roseau dont les Orientaux se sont toujours servis pour écrire

4.

55. Bois.

Un sceau de forme ovale, et dont le dessous est chargé de neuf hiéroglyphes gravés en creux. Touvé à Thèbes.

Long. 3 pouces 4 lig.

56. Terre cuite.

Espèce de cône, dont le dessous paroît avoir servi de sceau; on y distingue vingt-six hiéroglyphes en relief, séparés par des filets. Trouvé à Thèbes.

Diamètre de la base; 3 pouc. 4. lig.

57. Terre cuite.

Autre sceau de même genre, mais de forme carrée; sa partie plate contient quatre légendes hiéroglyphiques, les trois premières inscrites en colonnes, et la quatrième disposée en ligne horizontale : au-dessus de cette dernière est une figure humaine agenouillée; dans la troisième colonne de l'inscription, on voit un cartouche qui contient le nom de *Ramesès*. Trouvé à Thèbes.

Larg. 3 pouces 2 lignes.

58. Porphyre rouge.

Une *molette* de peintre dont la forme est celle d'un carré long. Trouvée près d'Esné (*Latopolis*).

Long. 3 pouces 8 lignes.

59. Toile.

Une bande de toile collée, dont le fond est

peint en bleu; cette bande qui est divisée en deux sections, offre les figures dorées d'un *Cercopithèque* et d'un épervier, accompagnés l'un et l'autre du titre de *fils d'Osiris*. Trouvée à Thèbes.

Haut. 1 pied 7 lig. Larg. 26 lig.

60. Cuir.

Une espèce de bretelle sur laquelle on a frappé la figure de *Phtha* et celle d'un roi reconnoissable à l'*ureus* qui orne son front; au-dessus de ce dernier personnage, sont deux cartouches remplis d'hiéroglyphes. Trouvée à Thèbes.

Hauteur 34 lignes.

61. Cuir.

Autre objet du même genre, chargé d'un cartouche et de légendes hiéroglyphiques. Trouvé à Thèbes.

Hauteur, 3 pouces et demi.

62. Gomme odoriférante.

Une semelle de chaussure ornée de filets coloriés, et dont l'intérieur est bourré avec des filamens de dattier. Trouvée à Thèbes.

Long. 10 pouces et demi.

63. bronze.

Un *coin*, trouvé dans les sépultures de Qournah.

Long. 7 pouces 9 lignes.

64. Albatre oriental.

Une coupe en albatre oriental, et qui est brisée. Trouvée à Abydus.

Diamètre, 9 pouces et demi.

65. Albatre oriental.

Un vase en forme de *Pilon*. Trouvé à Thèbes.
Hauteur, 6 pouces 3 lignes.

66. Jonc.

Un crible parfaitement fait et dont quelques parties sont coloriées : cet objet curieux dont la conservation est entière, a été trouvé dans un tombeau rempli de *lupins*, à Thèbes.
Diamètre, 16 pouces.

67. Jonc.

Un tabouret de forme carrée et supporté sur de petits pieds en bois. Trouvé à Thèbes.
Haut. 5 pouces et demi.

68. Jonc.

Un petit panier, trouvé rempli de fruits, dans l'une des Sépultures de Thèbes.
Hauteur 5 pouces et demi.

69. Une perruque tressée sur un filet en cordelettes (1): cet objet singulier a été découvert dans le même tombeau, que le moule en pierre, décrit sous le n° 17.

70. Jonc.

Une natte, qui a servi de tapis. Trouvée à Thèbes.
Long. 7 pieds. Larg. 3 pieds.

----

(1) *Voy.* Nicolaï, *sur l'emploi des cheveux postiches et des perruques dans les temps anciens et modernes;* Berlin, 1801, in-8.

71. **Feuilles de jonc.**

Un cable, trouvé dans l'une des sépultures de Thèbes.

Long. 32 pieds.

72. **Toile de lin.**

Un vêtement composé de deux *lés* de toile d'une grande finesse : ces deux largeurs sont réunies sur les côtés, par des coutures, qui ne laissent d'ouvertures que pour les bras et la tête. Trouvé à Thèbes, et dans l'un des cercueils de momies, décrits à la fin de ce catalogue.

Hauteur, 4 pieds et demi. Largeur des deux *lés* réunis; 8 pieds 16 lignes.

73. **Même toile.**

Autre vêtement de même forme, dont la toile est moins fine, mais dont la conservation est parfaite. Trouvé avec le précédent.

Hauteur, 4 pieds 6 pouces. Largeur, 8 pieds et demi.

74. **Bois et feuilles de palmier.**

Une espèce d'archet, garni d'une grosse corde. Trouvé à Thèbes.

Longeur, 34 pouces et demi.

MOMIES ET LEURS CERCUEILS. ESPÈCE DE TABERNACLES, ETC., ETC.

75. **Bois peint.**

Une espèce de boîte ou de tabernacle (1) par-

_____

(1) Cet objet, ainsi que ceux du même genre qui sont décrits à sa suite, a été trouvé rempli de petites figures en bois, en forme

tagé en trois compartimens qui sont fermés chacun par un couvercle particulier; sur ses quatre faces, sont peints les sujets suivans :

(Première face.)

Arouéris, assis, tenant à la main le fléau, le *nilomètre*, et un sceptre recourbé du haut, reçoit une offrande qui lui est présentée par un homme placé en regard avec lui. Près de ces figures, sont peintes cinq lignes d'hiéroglyphes.

Le même champ contient une autre offrande adressée à une autre divinité, qui tient dans ses mains les mêmes attributs precédemment indiqués.

(Seconde face.)

Ses extrémités sont occupées par Isis et *Nephtis*, assises sur leurs talons, et qui élèvent chacune un bras; au-dessus d'Isis, sont quatre petites colonnes d'hiéroglyphes, où se trouve le titre de *déesse mère*; cinq autres colonnes de caractères semblables se voient au-dessus de *Nephtis*; quelques formes symboliques, séparent les deux divinités.

(Côté droit.)

Le haut en est occupé par un œil et un théorbe. Sur le champ inférieur sont deux divinités, l'une

---

de momies chargées d'hiéroglyphes : il seroit possible que ces simulacres eussent été ainsi réunis, dans le but de conserver le souvenir d'une longue suite d'ancêtres appartenant à quelques familles, qui vouloient perpétuer de cette manière, le témoignage de leur ancienne origine.

à tête de *Cercopithèque*, et l'autre à tête d'épervier, au-dessus d'elles, on distingue quatre colonnes d'hiéroglyphes.

(Côté gauche.)

Le haut est chargé d'un œil et d'un théorbe.

Au-dessous est Anubis, précédé par une divinité barbue : le fond supérieur contient quatre colonnes d'hiéroglyphes. Trouvé à Thèbes.

Hauteur, 18 pouces. Largeur, 19 pouces.

76. Bois peint.

Autre tabernacle de même forme, et partagé également en trois compartimens.

(Première face.)

Dix-sept colonnes d'hiéroglyphes.

(Seconde face.)

Une *ame*, les ailes éployées, et debout sur la croix ansée : devant elle, une petite table chargée d'un vase et d'une fleur de lotus, la sépare des dieux à tête d'homme de *Cercopithèque*, de chakal et d'épervier.

(Côté droit.)

Huit colonnes d'hiéroglyphes.

(Côté gauche.)

Huit autres colonnes d'hiéroglyphes.

Chacun des couvercles qui ferment les différents compartimens de ce tabernacle, contient une inscription semblable, dans laquelle on trouve les noms d'Isis et d'Osiris. Trouvé à Thèbes.

Hauteur, 18 pouc. Largeur, 20 pouces et demi.

77. Bois peint.

Autre tabernacle à trois compartimens, et de même forme que les précédents.

(Première face.)

Osiris debout reçoit une offrande que lui présente une figure en attitude d'adoration. Le haut de ce champ contient en outre sept petites colonnes d'hiéroglyphes.

(Seconde face.)

Une divinitée barbue, précède celles à tête de *cercopithèque,* de chakal et d'épervier. Chacune de ces figures est accompagnée de son nom formant un petit groupe d'hiéroglyphes.

Sur les deux côtés, est répété un œil humain. Trouvé à Thèbes.

Hauteur, 15 pouces et demi. Largeur, 14 pouc.

78. Bois peint.

Autre tabernacle de forme semblable aux précédens.

(Première face.)

Un chakal mitré, couché et accompagné d'un *fléau,* tient entre ses pattes un objet qui nous est inconnu : devant lui est un autel chargé de diverses offrandes, parmi lesquelles on distingue un bouton de fleur de lotus; sur le fond est peinte une légende hiéroglyphique.

(Seconde face.)

Peinture assez semblable à la précédente, à l'exception de l'autel qui n'y est pas rappelé.

(Côté droit.)

Une divinité à tête de *Cercopithèque*, devant une table chargée d'offrandes ; près d'elle est une petite colonne d'hiéroglyphes.

(Côté gauche.)

Une figure barbue devant une table chargée d'offrandes : sur le fond, près de son visage, est peinte une légende hiéroglyphique. Trouvé à Thèbes.

Haut., 14 pouc. et demi. Larg., 15 pouc. et demi.

79. Plomb.

Trois yeux humains tracés en lignes creuses, sur des plaques minces et découpées. Trouvés sur des momies extraites des sépultures de Thèbes.

Largeur moyenne; 3 pouces et demi.

80. Plomb.

Un épervier les ailes éployées, également gravé sur une lame découpée, et trouvé dans le même lieu que les précédents.

Envergure; 6 pouces et demi.

81. Bois.

Débris d'un cercueil sur lequel on lit en caractères grecs assez ressemblans au copte, ΠΑϹΗΜΙΟϹ ΜΗ.... Cette inscription paroît contenir un nom Égyptien allongé par une terminaison grecque.

Longueur, 14 pouces.

82. Une momie d'homme, enfermée dans deux cercueils contenus l'un dans l'autre, et qui est recou-
verte en outre par un couvercle sans caisse, posé
immédiatement sur elle.

Grand cercueil.

Son couvercle représente un homme couché,
les bras croisés sur la poitrine, et tenant dans ses
mains un *Nilomètre*, et un autre objet qui n'a
pas encore reçu de nom particulier : l'espèce de
vêtement qui couvre cette figure, est entièrement
chargé de peintures très-bien exécutées, qui consistent en scènes mythologiques contenues dans
des encadremens d'hiéroglyphes, et dont on ne
pourroit, au reste, se former une idée générale,
qu'à l'aide d'un dessin. Sous les pieds, sont Isis et
Nephtis, divinités que l'on trouve souvent unies et
répétées sur les monumens funéraires Egyptiens.

Les peintures qui décorent l'extérieur de la caisse
du même cercueil, sont partagées en trois frises
de hauteur inégale : la plus élevée consiste dans
une longue inscription hiéroglyphique, qui contourne cette caisse en son entier, et qui avoisine
une autre inscription du même genre, placée sur
l'épaisseur de la même caisse.

La seconde frise règne immédiatement au-dessous de la précédente : son point de centre présente un scarabée surmonté d'un globe, et envi-
ronné d'objets divers ; à ses côtés, se voient Isis et
Nephtis, accompagnées de groupes hiéroglyphiques ; à la gauche du cercueil, commence la
suite des sujets que nous allons décrire, et qui
sont séparés l'un de l'autre par des colonnes d'hié-

roglyphes.—Une figure humaine, à demi assise, et qui élève les bras en signe d'adoration (1).—Un bélier couché sur une base élevée, et dont la tête est remplacée par la tête d'un homme, barbue et mitrée (2). — Figure en adoration. — Bélier dont la tête est remplacée par celle du Soleil.—Figure en adoration.—Bélier à tête de femme surmontée de cinq serpens et d'un disque. — Figure en adoration. — Bélier semblable au précédent.—Figure en adoration. — Bélier à tête humaine.—Figure en adoration.—Bélier à tête d'homme barbu. —Figure en adoration.—Bélier semblable au précédent.—Figure en adoration devant un bélier à tête humaine surmontée de cinq serpens.

(Partie de la même frise, qui contourne le dessous des pieds).—Figure en adoration.—Bélier à tête de *Nephtis.*—Bélier à tête d'Isis.—Figure en adoration.

(Reprise de la partie droite de la même frise, en suivant les figures qui viennent d'être décrites.)—Bélier à tête humaine surmontée d'un *modius.*—Figure en adoration.—Bélier à tête humaine et barbue.—Figure en adoration.—Bélier dont la tête est couverte par un objet qui nous est inconnu. —

---

(1) Les figures en adoration qui sont répétées sur cette frise, représentent alternativement l'image du décédé, reconnoissable à l'espèce de cône qui est posé sur sa tête, et un autre personnage dont la tête est entièrement nue.

(2) Ces béliers sont tous accompagnés d'un épervier, de légendes hiéroglyphiques, et des attributs qui caractérisent particulièrement les dieux.

Figure en adoration.—Bélier à tête humaine, chargée d'une fleur de lotus, d'où sortent deux palmes.—Figure en adoration.—Bélier à tête humaine couverte d'un *modius*.—Figure en adoration.—Bélier à tête d'*Aroueris*.—Figure en adoration.—Bélier à tête humaine mitrée.—Figure en adoration.

(Frise inférieure) : sur la partie de la caisse qui correspond au derrière de la tête, et au-dessous du scarabée vers lequel se dirigent les sujets précédemment décrits, est peinte une déesse ailée qui porte un *modius* : à la gauche du cercueil, s'avancent vers elle les figures suivantes, qui ont toutes des corps de forme humaine, et qui sont isolées les unes des autres par des colonnes d'hiéroglyphes.—A tête d'homme.—Même figure.—Même figure.—Même figure.—*Ammon*.—A tête humaine barbue.—Même figure.—Même figure.—*Aroueris*.—A tête humaine barbue, surmontée d'un scarabée.—A tête humaine barbue, surmontée d'un œil humain.—A tête humaine barbue, sur le corps d'une femme (1).—A tête humaine barbue, surmontée de deux plumes élevées sur des cornes de bélier.—A tête de génisse, et tenant deux serpens dans sa bouche.—*Ammon*.—A tête humaine barbue.—La tête remplacée par une espèce de jet de feu.—La tête remplacée par un petit vase couché, d'où s'échappe de l'eau.—La tête rem-

---

(1) Cette figure nous était encore inconnue et nous sommes presque certains qu'elle ne se trouve sur aucun autre monument Égyptien décrit jusqu'à ce jour.

placée par un serpent.—A tête humaine barbue.
—Figure semblable à la précédente.—A tête de
femme surmontée de cinq serpens.—A tête de
femme surmontée de quatre serpens.—Anubis.—
A tête de femme chargée de quatre serpens.—
figure semblable à la précédente.

(Reprise de la partie droite de la même frise,
près de la déesse ailée dont il est fait mention en
tête de l'article précédent).—Figure à tête humaine barbue.—Même figure.—Même figure.
—Même figure.—Même figure.—A tête humaine
mitrée.—Même figure.—Une fleur de lotus,
accompagnée de divers symboles.—*Ammon.*—
Figure à tête humaine barbue.—A tête humaine
portant un *modius.*—A tête de *cercopithèque.*—
Le bouc *Mendès.*—Figure à tête de gerboise.—
Un chat assis.—Figure à tête humaine barbue.—
Anubis.—Figure à tête de *demoiselle.*—A tête
humaine barbue.—Le même personnage. — A
tête de génisse, et tenant deux serpens dans sa
bouche.—La tête remplacée par un serpent.—
A tête humaine barbue et surmontée de cinq
serpens.—A tête humaine barbue, et un aspic
au devant du front.—La tête remplacée par deux
serpens.

(Partie de la même frise, qui contourne le
dessous des pieds).—Un *nilomètre* ayant des yeux
humains, et des bras qui tiennent un sceptre et
un fléau; cet objet symbolique est entouré des
quatre Dieux, à tête d'homme, de cercopithèque,
de chakal, et d'épervier.

(Fond intérieur du même cercueil).—Un grand

nilomètre avec des yeux humains, et surmonté d'une mitre : à ses côtés sont attachés des ailes et des bras qui soutiennent chacun une croix ansée : au-dessous de cet objet, se voient Isis et *Nephtis*, placées en regard et séparées par une forme symbolique qui nous est inconnue. Tout le reste du champ est rempli par deux autres figures des mêmes déesses, des hiéroglyphes, et différens sujets variés.

Côtés intérieurs du même cercueil.—Derrière la tête, est un scarabée tenant un disque; à la droite sont placées les peintures suivantes. — Colonnes d'hiéroglyphes.—La figure à tête nue en adoration derrière un chakal.—Colonne d'hiéroglyphes.—Deux déesses debout aux côtés d'un objet inconnu.—(Quatorze divinités dont les corps font la forme humaine, mais dont les têtes sont remplacées par les objets suivans). — Un vase. — Quatre formes alongées comme des noyaux de dattes, et qui sont placées l'une sur l'autre.—Un jet de feu.—Un couteau auquel est attachée une barbe humaine.—Un astre à cinq rayons.—Un disque ponctué au centre et sur son pourtour.—Un disque ponctué au centre. — Un serpent. — Un vase.—Une cuisse de quadrupède. Un petit pot sans anses.—Deux bras humains dont les mains sont dirigées en bas. — Un vase. — Un astre à cinq rayons.—Chacune de ces figures symboliques est accompagnée d'un autel, sur lequel est posé un vase.

Sur la partie qui correspond au-dessous des piéds, est peinte Isis ailée et tenant deux croix ansées.

Côté gauche intérieur, faisant suite à la frise précédente.—La figure à tête nue, en adoration devant un chakal.—Deux femmes debout aux côtés d'un objet inconnu.—(Douze divinités dont les corps ont la forme humaine, et dont les têtes sont remplacées par les objets suivans). — Un vase. —Un astre à cinq rayons.—Un couteau auquel est attachée une barbe humaine.—Deux espèces de bandelettes placées d'une manière divergente.— Un ovale sur lequel sont tracés cinq compartimens.—Deux serpens dont les têtes sont opposées.—Une forme pyramidale.—Les deux espèces de bandelettes dont il a déjà été question. — Un vase. —Un croissant renversé les pointes en bas (1). —Une ligne crénelée et renversée.—Un œil humain.

Second cercueil.

Son couvercle, semblable pour la forme générale à celui du précédent, est également chargé de sujets et d'hiéroglyphes, divisés par bandes et par compartimens.

L'extérieur de sa caisse est partagé en trois frises ; celle du haut est entièrement couverte d'hiéroglyphes : La seconde contient une suite de compartimens formés par des colonnes d'hiéroglyphes, et qui sont remplis tour-à-tour, par une figure en adoration, ou par une divinité barbue : la frise inférieure offre une suite de belles peintures parmi lesquelles sont rappelées de nouveau les scènes les plus intéressantes que nous offre l'un

____

(1) Ce croissant ainsi tourné désignoit le mois. *Voy.* Horus Apollo. L. I. *hiéroglyphe* 4.

des manuscrits précédemment décrits (1) : l'épaisseur de cette caisse est en outre, couverte·d'hiéroglyphes.

Les côtés intérieurs du même cercueil, sont bordés en haut par une longue inscription hiéroglyphique : au-dessous de cette légende, sont placées beaucoup d'hiéroglyphes et quelques figures, dont la plus singulière est couchée sur un réseau.

Le fond intérieur de cette caisse est décoré par la figure d'une déesse ailée, la tête surmontée de cinq serpens, et le corps couvert d'un magnifique réseau : près de sa tête sont les quatre divinités à tête d'homme, de *cercopithèque*, de·chakal et dépervier : sous ses pieds, se voient Isis et *Nephtis* assises en regard et séparées par un autre personnage qui est debout : le reste du fond, contient en outre d'autres objets curieux, que les bornes de ce catalogue ne nous permettent point de décrire.

Couvercle sans caisse, posé sur la momie.

Ce couvercle représente comme les précédens, un homme couché et tenant un objet symbolique à la main; le reste de cet objet est recouvert en entier de figures et d'hiéroglyphes, la plupart en saillie, qui sont tous d'une exécution très-soignée : la momie dont il couvre le devant, et qui est enveloppée de linges, suivant l'usage ordinaire, n'offre rien à l'extérieur, qui la distingue de toutes celles qui sont connues. Trouvée à Thèbes.

Hauteur du premier cercueil, 6 pieds.

____

(1) *Suprà*, n. 43, §. 4, 14, 17, 23.

83. Momie de femme, enfermée dans deux cercueils
contenus l'un dans l'autre, et qui est entourée
d'un cartonnage.

Grand cercueil.

Le couvercle de ce cercueil est richement décoré d'une infinité de scènes diverses qui sont
encadrées dans des bordures d'hiéroglyphes.

(Côté droit extérieur de la caisse de ce cercueil). — Trois colonnes d'hiéroglyphes. — Isis
et *Nephtis*, ailées et placées en regard aux deux
côtés d'un objet qui nous est inconnu : le même
champ contient encore d'autres objets symboliques, et des légendes hiéroglyphiques.—Quatre
colonnes d'hiéroglyphes—La défunte placée en
regard avec les figures qui vont suivre, paraît
leur faire une offrande.—Colonne d'hiéroglyphes.
—Divinité à tête humaine barbue. —Colonne
d'hiéroglyphes.—Divinité à tête de *cercopithèque*.
— Colonne d'hiéroglyphes. — Divinité à tête
de chakal. — Colonne d'hiéroglyphes. — Divinité
à tête d'épervier. — Colonne d'hiéroglyphes. —
Divinité à tête de *demoiselle*.—Trois colonnes
d'hiéroglyphes.

(Partie de la même caisse, qui contourne le
dessous des pieds). — Une espèce de nœud d'où
sortent deux fleurs de lotus, deux plumes, etc.

(Côté gauche extérieur de la même caisse, faisant suite à la frise précédente). — Deux colonnes
d'hiéroglyphes.—La scène céleste à-peu-près semblable à celle que nous avons déjà remarquée sur
un manuscrit, et sur l'une des caisses de la momie

précédente (1).—Cinq colonnes d'hiéroglyphes.
—Osiris assis sur un trône, et devant lui, Isis
et *Nephtis*, assises sur leurs talons.—Trois colonnes d'hiéroglyphes.—La défunte offrant un sacrifice à un taureau noir, debout et mitré, ainsi
qu'à six autres taureaux (ou génisses) tachetés, qui
sont couchés à terre, et dont les têtes portent
aussi des mitres.—Trois colonnes d'hiéroglyphes.

(Intérieur de la même caisse).—Un grand
nilomètre (ou peut-être le Dieu *Nil*) laissant aper-
cevoir deux yeux humains entre ses divisions
supérieures : cet objet est surmonté d'une mitre, et
sur le devant sont deux bras croisés, qui soutiennent un sceptre et un fléau.

Le reste du champ est rempli par un scarabée;—
deux *ames*;—deux yeux humains et des théorbes;
—deux divinités assises sur des enseignes, etc., etc.

Second cercueil.

Son couvercle est ainsi que le précédent, chargé
d'une grande quantité de sujets parfaitement exécutés, mais dont il·seroit impossible de donner
ici une description à-peu-près satisfaisante.

(Frise supérieure à gauche en dehors de la
caisse).—L'*ame* en adoration : devant elle est
une offrande; en arrière est placé un œil humain
ailé auquel est attaché un bras.—Quatre colonnes
d'hiéroglyphes.—Trois *ames* qui détournent la
tête, tirent avec une corde un bateau sur lequel
est un Dieu à tête d'épervier : près de cette divi-

____

(1) *Supra.* n. 48, §. 17, et n°. 82.

nité sont des légendes hiéroglyphiques, et une *ame* qui est en adoration. — Six colonnes d'hiéroglyphes. — Quatre divinités assises, et une *ame* en adoration. — Trois colonnes d'hiéroglyphes. — Trois chakals tirant une barque qui contient un disque rouge, sur lequel est dessinée une tête de bélier; plus loin, une *ame* en adoration devant les quatre divinités à tête humaine barbue, de *cercopithèque*, de chakal et d'épervier.

Le retour de cette frise supérieure sur le côté opposé de la caisse, offre une suite de sujets à-peu-près analogues à ceux que nous venons de décrire.

(Frise inférieure. Côté gauche de la caisse). — Deux colonnes d'hiéroglyphes. — Une déesse debout près d'un arbre, étanche la soif de la défunte qui est agenouillée devant elle, et qui est accompagnée d'une *ame :* cette divinité dont la tête est décorée d'une plume, nous paraît être la même que celle qui remplit la même fonction, sur le beau manuscrit dont nous avons déjà donné la description (1).

— Deux colonnes d'hiéroglyphes. — *Ammon,* et deux personnages dont les têtes sont remplacées par des plumes, placés debout sur le corps d'un serpent, qui forme quelques replis. — Deux colonnes d'hiéroglyphes. — Un Dieu placé sous un portique, et assis sur un trône, est accompagné d'une déesse qui est debout derrière lui ; vers eux, s'avancent *Thoth,* la décédée, Anubis et

---

(1) *Supra*, n. 48, §. 14.

Aroüeris; les deux derniers portent chacun une mitre sur la main droite. —Trois colonnes d'hiéroglyphes. — Un grand serpent supportant un Dieu assis, qui paraît recevoir les prières d'Isis et de *Nephtis;* en arrière des deux déesses, un personnage barbu est placé en regard avec un autre dant la tête est remplacée par celle d'un serpent barbu et mitré, et dont la main tient un couteau. —Deux colonnes d'hiéroglyphes.

(Retour de cette même frise, sur le côté gauche de la caisse).—Scène céleste à-peu-près semblable à celles que nous avons précédemment indiquées. —Trois colonnes d'hiéroglyphes. — Un Dieu assis et placé sous un portique, est accompagné d'une déesse qui se tient debout derrière lui; en regard avec ces personnages, se présente *Thoth,* tenant une tablette à la main, et précédant la décédée qui fait une offrande, et qui est suivie d'*Aroüeris;* dans un sens opposé à ces dernières figures, la décédée suivie d'un Dieu à tête de vautour, offre un sacrifice à un autre Dieu assis sous un portique : la frise se termine par une espèce de torrent, près duquel est un édifice, une génisse tachetée, l'*ame* en adoration devant un chakal, etc.

(Fond de la même caisse). — Une déesse ailée, portant un *modius* surmonté de huit serpens; le reste du fond est chargé d'attributs symboliques. Les côtés intérieurs contiennent aussi quelques sujets parmi lesquels on distingue principalement l'*ame,* ayant les ailes éployées; la décédée faisant une offrande à plusieurs divinités; Isis et *Nephtis;* le Dieu à tête de crocodile, etc., etc.

Là momie enfermée dans les deux caisses précédentes, est en outre enveloppée d'un beau cartonnage décoré de peintures, et qui est noué par derrière : on y remarque un épervier à tête de bélier, plusieurs divinités, et une bande d'hiéroglyphes. Trouvée à Thèbes (1).

Haut. du premier cercueil, 6 pieds 3 pouces.

84. Momie renfermant un veau, ou peut-être quelques parties d'un bœuf sacré : cette momie est enveloppée d'une toile brune ; et sur son front est attaché un morceau triangulaire en toile blanche. Trouvée à Thèbes.

Long. 2 pieds.

85. Un grand crocodile, quelques *ouarals*, et diverses antiquités qui ont été omises dans le présent catalogue, seront annoncées et vendues sous ce numéro.

____

(1) Le tombeau qui contient cette momie renfermoit en outre, les objets décrits sous les numéros 48 et 72.

FIN DU CATALOGUE.

J.-M. EBERHART, IMPRIMEUR DU COLLÈGE ROYAL DE FRANCE, RUE DU FOIN SAINT-JACQUES, N° 12.